THÉORIE

MUSICALE,

OU

RÉPONSE AU PROGRAMME ARRÊTÉ PAR LE MINISTRE DE L'INSTRUCTION PUBLIQUE,

POUR L'INTERROGATOIRE

DES ASPIRANS AUX BREVETS DE CAPACITÉ DES DEUX DEGRÉS,

PAR VICTOR MAGNIEN,

PROFESSEUR ET COMPOSITEUR DE MUSIQUE, DIRECTEUR DES ÉCOLES DE CHANT DU COLLÉGE
ET COMMUNALES,
ET MEMBRE DE LA COMMISSION D'EXAMEN.

Prix : 1 fr. 25 c.

PARIS,

RICHAULT, ÉDITEUR DE MUSIQUE, BOULEVARD POISSONNIÈRE, 16.

BEAUVAIS,

CHEZ TOUS LES LIBRAIRES.

1837.

THÉORIE

MUSICALE,

OU

RÉPONSE AU PROGRAMME ARRÊTÉ PAR LE MINISTRE DE L'INSTRUCTION PUBLIQUE,

POUR L'INTERROGATOIRE

DES ASPIRANS AUX BREVETS DE CAPACITÉ DES DEUX DEGRÉS,

Par Victor MAGNIEN,

PROFESSEUR ET COMPOSITEUR DE MUSIQUE, DIRECTEUR DES ÉCOLES DE CHANT DU COLLÉGE

ET COMMUNALES,

ET MEMBRE DE LA COMMISSION D'EXAMEN.

Prix : 1 fr. 25 c.

PARIS,

RICHAULT, ÉDITEUR DE MUSIQUE, BOULEVARD POISSONNIÈRE, 16.

BEAUVAIS,

CHEZ TOUS LES LIBRAIRES.

1837.

Beauvais, Imprimerie d'Ach. DESJARDINS.

AVIS.

    Ceci n'est point une méthode, c'est une courte explication des principes généraux de la musique, principes qu'on n'enseignait point autrefois, et que l'élève était obligé de deviner, quoique personne ne puisse devenir musicien s'il ne se familiarise avec la théorie élémentaire. J'espère que le court exposé qu'on va lire fournira, selon le vœu d'un poète latin, un enseignement à celui qui ignore, et des souvenirs à celui qui sait.

EXAMEN

THÉORIQUE

ET

EXERCICES D'APPLICATION.

PREMIÈRE PARTIE.

QUESTIONS ET EXERCICES SUR LE RHYTHME.

D. Quels sont, dans la musique écrite, les signes de *durée* et de l'*interruption* des sons? Nommez les figures des *notes* et des *silences* dans leur ordre de durée décroissante et relative.

R. Les signes de *durée* sont la *ronde*, la *blanche*, la *noire*, la *croche*, la *double croche*, la *triple croche*, la *quadruple croche*; ceux d'interruption sont : la *pause*, la *demi-pause*, le *soupir*, le *demi-soupir*, le *quart de soupir*, le *huitième de soupir* et le *seizième de soupir*.

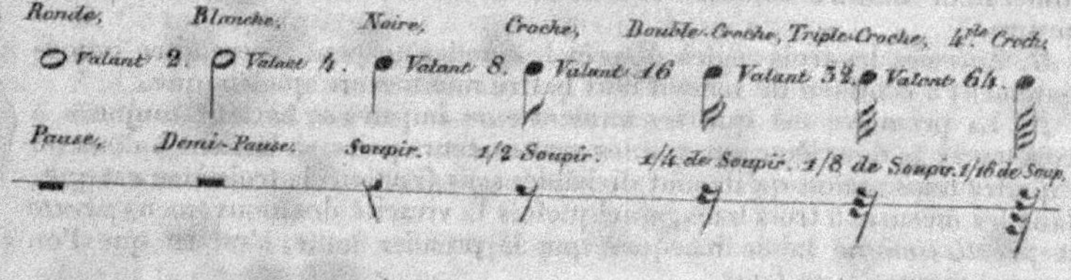

D. Battez la mesure à 4 tems, 3 tems, 2 tems.

R. A 4 tems : en frappant, à gauche, à droite et en levant;

    A 3 tems : en frappant, à droite et en levant;

    A 2 tems : en frappant et levant.

Manière de battre la mesure

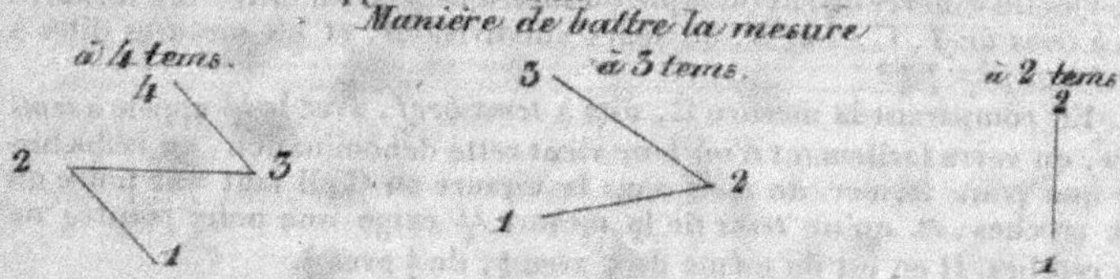

D. Qu'entend-on par le *mouvement* d'un morceau de musique, et combien distingue-t-on de *mouvemens principaux*?

R. On entend par mouvement le degré de vitesse ou de lenteur qu'exige le caractère de la pièce que l'on exécute. On en distingue cinq principaux.

D. Énoncez et écrivez les mots italiens et français qui indiquent les *mouvemens principaux*, et placez à côté quelques-uns des mots qui annoncent des *mouvemens intermédiaires* entre chacun de ces mouvemens principaux.

R. Les *mouvemens principaux* sont :

Largo,	adagio,	andante,	allegro,	presto,
ou	ou	ou	ou	ou
lentement.	posément.	modérément.	gai, vif.	vite.

Mouvemens intermédiaires :

Larghetto, affettuoso, andantino, allegretto.

D. Qu'est-ce qui distingue les *mesures simples*, les *mesures composées* et les *mesures dérivées*?

R. Les *mesures simples* se distinguent par un seul chiffre ou une seule lettre; les *mesures composées* ou *dérivées*, par un nombre fractionnaire.

D. Par quels chiffres ou par quelles lettres indique-t-on les *mesures simples* à quatre tems, à deux tems et à trois tems?

R. À quatre tems, par un 4 ou un C; à trois tems, par un 3; à deux tems, par un 2 ou un C barré.

D. Lorsqu'une mesure, *composée* ou *dérivée*, est indiquée par une fraction ou par un nombre fractionnaire, comme $\frac{2}{4}$ $\frac{3}{4}$ $\frac{12}{8}$ etc., que signifie chacun de ces chiffres?

R. Le chiffre inférieur ou dénominateur indique le nombre de notes de valeur égale, faisant ensemble la valeur d'une ronde; le chiffre supérieur ou numérateur montre combien il faut de ces mêmes valeurs pour remplir la mesure.

D. Énoncez les trois règles d'après lesquelles on peut reconnaître immédiatement à combien de tems il faut battre une mesure quelconque.

R. La première est que les numérateurs impairs se battent toujours à trois tems; le deuxième est que les numérateurs pairs se battent à deux ou à quatre tems, selon qu'ils sont divisibles sans fraction; la troisième est que, dans les mesures à trois tems, quelquefois la vivacité des mouvemens *presto* et *prestissimo* ne laisse marquer que le premier tems; c'est ce que l'on nomme mesure à *un tems*.

D. Quelle différence fractionnaire existe-t-il entre les six croches du $\frac{6}{8}$ et les six croches du $\frac{3}{4}$?

R. Les six croches du $\frac{6}{8}$ sont des huitièmes de rondes, tandis que les *croches triolets* du $\frac{3}{4}$ sont des douzièmes.

D. Quelle différence rhythmique ou métrique y a-t-il entre les mesures dites à *tems bref*, C, 2 et 3, ou leurs subdivisions, et les mesures dites à *tems longs*, $\frac{12}{8}$ $\frac{9}{8}$ $\frac{6}{8}$?

R. En comparant la mesure C, dite à *tems bref*, avec le $\frac{12}{8}$ appelé à *tems longs*, on verra facilement d'où leur vient cette dénomination, en réfléchissant que pour former un *tems* dans la mesure au C, il faut une noire ou deux croches, et qu'un *tems* de la mesure $\frac{12}{8}$ exige une noire pointée ou trois croches. Il en est de même de $\frac{2}{4}$ avec $\frac{6}{8}$, de $\frac{3}{4}$ avec $\frac{9}{8}$.

D. Prononcez, en mesure et sans musique écrite, des successions diatoniques de notes groupées symétriquement, comme serait la mesure suivante à 4 tems :

<table>
<tr><td>1.er EXEMPLE.</td><td></td><td></td><td>2.e EXEMPLE.</td></tr>
</table>

1.er EXEMPLE.		2.e EXEMPLE.		

R. blanche, noire, noire, | *ou* noire, blanche, croche, croche,
   do   ré   mi | *do   ré   mi   fa*

Dans le premier exemple qui est à 4 tems, la blanche vaut deux tems, et chaque noire un ; dans le second, la noire vaut un tems, la blanche deux, et les deux croches un tems.

***

DE L'INTONATION MUSICALE.

D. Qu'est-ce qu'un *son* en général, et qu'est-ce qu'un *son musical* en particulier ?

R. Le *son* en général est la sensation que nous recevons par l'organe de l'ouïe, le bruit, le cri. Le *son musical* en particulier est celui de la voix chantante et des instrumens.

D. Dites les sept syllabes usitées pour nommer les sons musicaux ?

R. Do, ré, mi, fa, sol, la, si.

D. Qu'est-ce que *solfier, vocaliser et chanter ?*

R. *Solfier*, c'est en entonnant des sons prononcer les syllabes de la gamme ; *vocaliser*, c'est entonner en prononçant une même voyelle ; *chanter*, c'est donner le son des notes aux syllabes des paroles mises en musique.

D. Qu'est-ce qu'un *intervalle* musical ?

R. C'est la distance d'un son à un autre.

D. Quels sont les deux intervalles élémentaires dont se composent tous les intervalles musicaux ?

R. Ce sont les *intervalles consonnans et dissonnans.*

D. Combien la *gamme diatonique* comprend-elle de *tons* et de *demi-tons ?*

R. Cinq *tons* et *deux demi-tons.*

D. Quelle est la position respective de ces tons et demi-ton.

R. La position des demi-tons se trouve du troisième au quatrième degré d'une gamme, et du septième au huitième. Les autres degrés renferment un ton.

D. Quelle différence caractéristique existe-t-il entre la *gamme chromatique* et la gamme diatonique ?

R. La gamme *chromatique* procède par demi-tons consécutifs, et la gamme diatonique par tons et par demi-tons.

D. Tracez une portée.

Portée.

D. Dessinez les trois clefs.

R. Clef de Sol,   *Clef de Fa,*   *Clef d'Ut.*

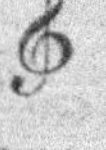

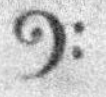

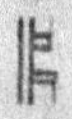

D. Prouvez la nécessité de ces trois clefs pour indiquer la position respective des diverses voix d'hommes, de femmes et d'enfans, et pour déterminer le degré réel de l'élévation de ces voix dans l'échelle générale des sons musicaux ; en un mot, indiquez le *diapason*, ou l'étendue naturelle de ces différentes voix.

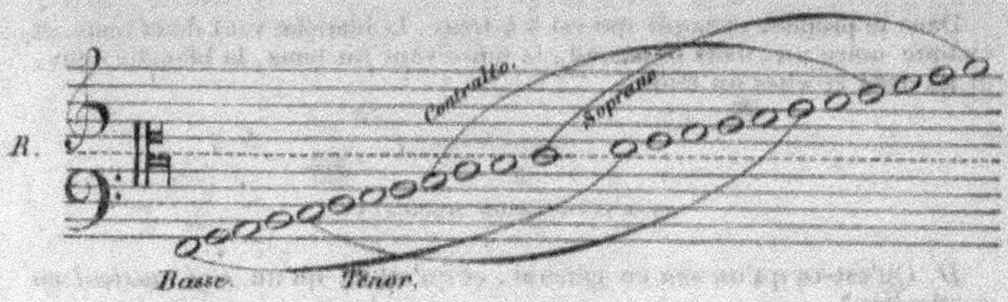

D. Nommez les lignes et les interlignes de la portée avec clef de sol.

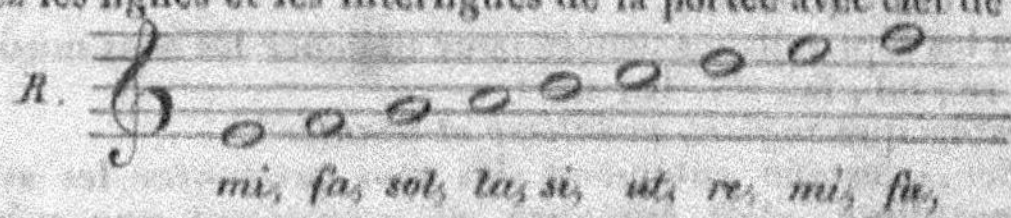

D. Solfiez la gamme diatonique et l'accord parfait en touchant les positions des notes, soit sur la portée, soit sur la *main droite*, dont les cinq doigts seront étendus et placés de manière à représenter les cinq lignes de la portée.

Gamme diatonique.   *Accord parfait.*

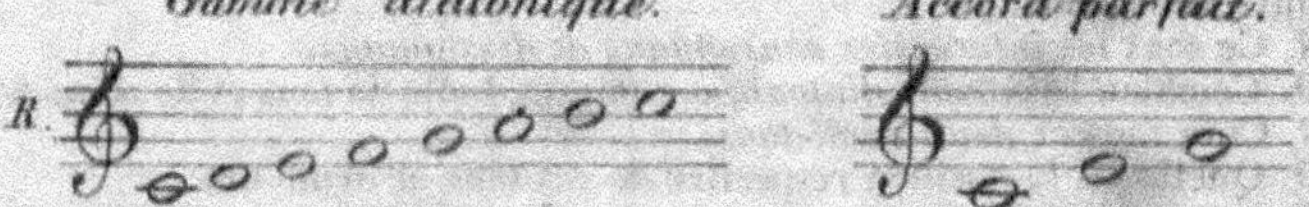

D. Nommez successivement les intervalles de *seconde*, de *tierce*, etc.

R. La *seconde*, la *tierce*, la *quarte*, la *quinte*, la *sixte*, la *septième* et l'*octave*. La seconde est l'intervalle d'un degré qui comprend deux notes, comme d'*ut* à *re* ; la tierce, de deux degrés qui comprennent trois notes, comme d'*ut* à *mi* ; la quarte, de trois degrés qui comprennent quatre notes, comme d'*ut* à *fa.*, etc.

D. Qu'entend-on par *progression*, en parlant d'intervalles musicaux ?

R. On entend la répétition d'un même intervalle à partir de chaque degré : *ut ré*, *ré mi*, *mi fa*, sont des progressions de secondes, de même que *ut mi*, *ré fa*, *mi sol*, sont des progressions de tierce.

Remarque. Ut, *ré*, *mi*, *fa*, *sol*, etc., sont des *successions* de secondes, *ut mi*, *sol si*, etc., sont des *successions* de tierce, etc.

D. Solfiez sur une portée sans notes ou sur la main tout ou une partie d'une progression de seconde, de tierce, etc.

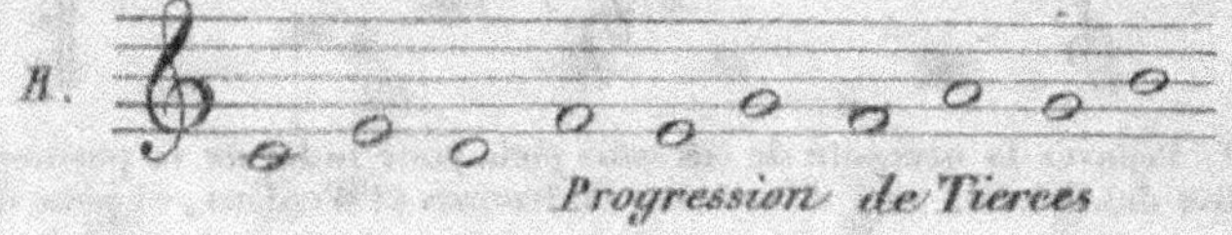

D. Quelle différence d'élévation y a-t-il entre le *majeur* et le *mineur* d'un même intervalle ?

R. La diférence est d'un *demi-ton*.

D. Nommez et écrivez en notes naturelles, ou en notes bémolisées ou diésées, deux sons qui forment une *seconde majeure*.

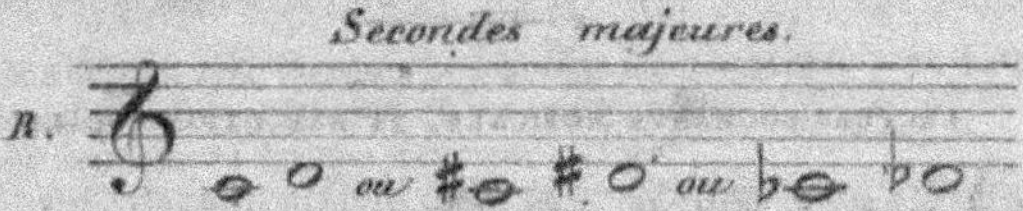

D. Nommez et écrivez en notes naturelles, bémolisées ou diésées deux sons qui forment une *seconde mineure*.

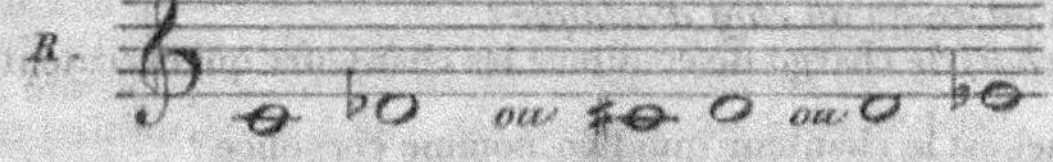

D. Solfiez à vue ou de mémoire un chant ou un fragment de chant qui offre des successions de secondes.

R. La succession de secondes n'est autre chose que la gamme.

D. Combien la tierce majeure comprend-elle de tons ?

R. Deux tons.

D. Quelles sont les trois notes de la gamme dont la *tierce* est majeure ?

R. Ce sont les trois notes *tonales*.

R. Nommez et écrivez deux notes qui forment une *tierce majeure*.

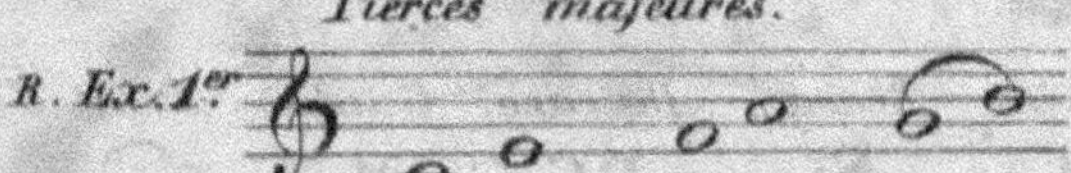

D. Citez un début de chant qui soit *tierce majeure*, et, au moyen de ce type d'intervalle, entonnez la tierce d'un son quelconque ?

R. Il faut apprécier le début d'un chant d'après les *tierces majeures*, 1.er exemple, *ut mi, fa la, sol si*, et comparer ce début à celui de l'air même que l'on voudra citer en réponse à cette question.

D. Combien la *tierce mineure* comprend-elle de tons ?

R. Un ton et un demi-ton.

D. Nommez et écrivez une *tierce mineure*.

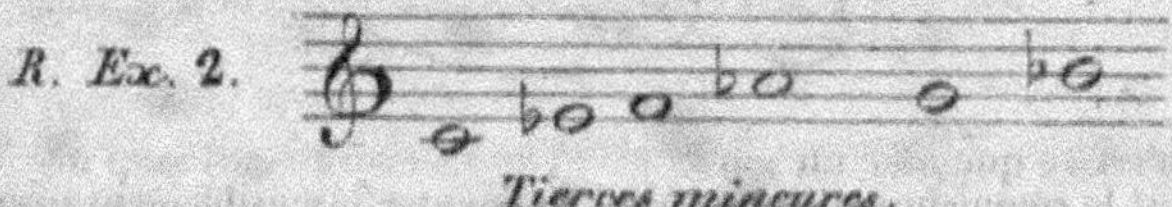

D. Citez un début de chant qui soit *tierce mineure*, et entonnez ensuite la tierce mineure d'un ton quelconque.

R. Même observation que pour le début d'un chant par une tierce majeure.

D. Solfiez à vue ou de mémoire un chant ou fragment de chant qui offre des successions de *tierces*.

R. Voyez la réponse à la question ci-dessus : Qu'entend-on par *progression* en parlant, etc.

LECTURE COURANTE MUSICALE, ET EXÉCUTION VOCALE.

D. Qu'est-ce que la *mélodie*, et qu'est-ce que l'*harmonie* ?

R. La *mélodie* est une succession de sons qui forment un chant agréable à l'oreille. L'harmonie est une succession d'accords.

D. Qu'appelle-t-on *choristes* ?

R. Celui qui fait partie d'un chœur.

D. Qu'est-ce qu'un *chef d'attaque* ?

R. Le *choriste* chargé de conduire les chanteurs qui exécutent une même partie.

D. Quel est le chanteur que l'on nomme coryphée ?

R. C'est celui qui, dans les chœurs, est chargé de dire les solos.

D. Par quels mots et par quels lignes indique-t-on, sur la copie ou sur la gravure, les principales nuances de goût et d'expression ?

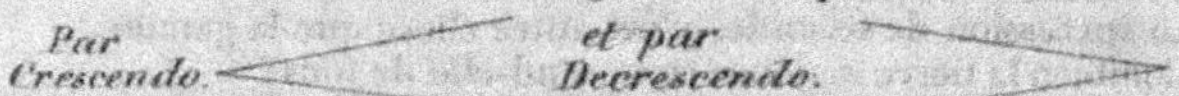

D. Tracez et dites la signification de certains signes usuels de l'écriture musicale, tels que *reprises, renvois, da capo, guidons, point d'arrêt et point d'orgue*.

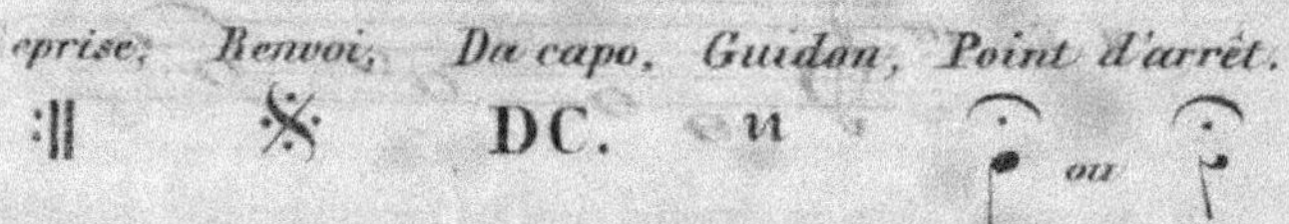

Le point d'orgue, ou *cadenza*, est un passage brillant que fait la partie principale sur un repos.

D. Qu'est-ce que *filer* un son ?

R. C'est le commencer *pianissimo*, l'augmenter insensiblement jusqu'au *forte*, et le diminuer de manière à revenir graduellement au *pianissimo*. Cette intention s'indique de cette manière :

D. Qu'entend-on par *attaquer* un son, et comment faut-il l'attaquer?

R. C'est commencer un morceau de musique ou reprendre dans son cours. On attaque, avec plus ou moins de force, selon que le caractère de musique l'exige : en général un son s'attaque *mezzo forte*.

D. Quels sont les avis à donner relativement à la position de la tête, à l'ouverture de la bouche, à l'aspect de la face, et au maintien de l'exécutant?

R. On doit avoir la tête haute, la bouche bien ouverte, et se tenir surtout en garde contre les grimaces et les contorsions.

D. En quoi consiste la bonne *prononciation*?

R. Elle consiste dans la netteté et la précision de *l'articulation*.

D. Qu'est-ce que *l'articulation*, et comment doit-on articuler en raison du lieu où l'on chante?

R. *L'articulation* est la manière d'émettre chaque syllabe des paroles en même-tems que chaque note de musique. On articule plus ou moins fort, relativement à la grandeur du vaisseau où l'on chante.

D. Qu'est-ce qu'une note *syncopée*, et comment reconnaît-on le syncope?

R. C'est une note qui commence sur le tems faible, ou sur la partie faible du tems, et finit sur le tems fort, ou sur la partie forte du tems.

D. Qu'est-ce que des notes *coulées*? Quelle est la règle d'exécution de ces notes?

R. Ce sont des notes couvertes d'un trait arqué. Le *coulé* se fait en articulant en une seule fois la série de notes coulées.

EXEMPLE.

Notes coulées.

D. Qu'est-ce que le *détaché* ou *staccato*? Quelle est la règle d'exécution de ces notes?

R. Le *détaché* ou *staccato* est bref, sec; au lieu de soutenir les notes pendant toute leur valeur, on les sépare par des silences pris sur ces mêmes valeurs.

D. En quoi le port-de-voix ou *portamento* consiste-t-il, et quand peut-on le pratiquer?

R. Il consiste à faire glisser la voix promptement par une liaison fort légère, qui part de la première note pour passer à celle qui la suit, en l'anticipant. Il y a deux manières de porter la voix ou les sons : la première, en tirant plusieurs sons d'égale valeur, qui procèdent par degrés conjoints et disjoints; la deuxième se pratique en portant la voix entre deux sons, qui procèdent par degrés disjoints seulement (1).

D. Quelle différence d'exécution doit-on apporter entre le *portamento* ascendant et le *portamento* descendant?

R. Si le *portamento* se fait du grave à l'aigu, on passe du doux au fort; s'il se fait de l'aigu au grave, on passe du fort au doux.

D. Est-il de bon goût d'employer sans réserve le port-de-voix?

R. Non, il faut en user avec réserve et mettre de la variété dans son exécution.

D. Qu'est-ce que l'*appoggiatura*?

R. C'est une petite note sur laquelle on s'appuie avant d'attaquer la note principale; de là lui vient le nom d'*appoggiature* qui veut dire appuyer.

D. Quelles sont les règles de son exécution? Donnez un exemple de son emploi dans le chant?

R. Lorsqu'on la pose au-dessus de la note principale, elle peut former l'intervalle d'un ton ou d'un demi-ton; quand elle est posée dessous, l'intervalle n'est jamais que d'un demi-ton.

D. Quelle différence d'exécution faut-il observer entre la *petite note* employée pour le port-de-voix ou pour l'*appoggiatura*?

R. C'est que l'*appoggiatura* vaut généralement la moitié de la note dont elle est suivie; tandis que le *port-de-voix* passe imperceptiblement.

TONALITÉ.

D. Quel est, dans l'écriture musicale, l'effet des signes: *dièse, double dièse, bémol, double bémol* et *bécarre?*

R. Le *dièse* élève l'intonation d'un demi-ton, le *double dièse* d'un ton; le *bémol* l'abaisse d'un demi-ton, le *double bémol* d'un ton; le *bécarre* ramène l'intonation première.

---

(1) Le *degré conjoint* est le plus petit des intervalles, comme la seconde; la gamme est une suite de degrés conjoints. Le *degré disjoint* est celui qui renferme un plus grand intervalle que celui de seconde, comme d'*ut* à *mi*, d'*ut* à *fa*, d'*ut* à *sol*, etc.

D. Tracez ces signes?

R. Dièse ♯ Double Dièse ♯ Bémol ♭ Double Bémol ♭♭ Bécarre ♮

D. Qu'entend-on par notes *diésées*, *bémolisées* et *naturelles*?
R. Les notes précédées d'un *dièse*, ou d'un *bémol*, ou d'un *bécarre*.
D. Dans le passage chromatique *ut*, *ut dièse*, *ré*, l'*ut* dièse est-il plus près du *ré* que de l'*ut*?
R. L'*ut dièse* est plus près du *ré*.
D. Et dans le passage *ré*, *ré bémol*, *ut*, le *ré* bémol est-il plus près de l'*ut* que du *ré* naturel.
R. Le *ré* bémol est plus près de l'*ut*.
D. Quelle note appelle-t-on la *tonique* dans une gamme ou dans un chant composé avec les notes de cette gamme?
R. On appelle *tonique* la note sur laquelle le ton est établi.
D. Pourquoi dit-on qu'un morceau de musique est en *ut*, en *fa*, en *ré*?
R. Il est en *ut* quand cette corde devient *tonique*; il est en *fa* quand la *tonique* est *fa*.
D. Solfiez la gamme d'*ut* et dites un chant qui soit tiré de cette gamme?

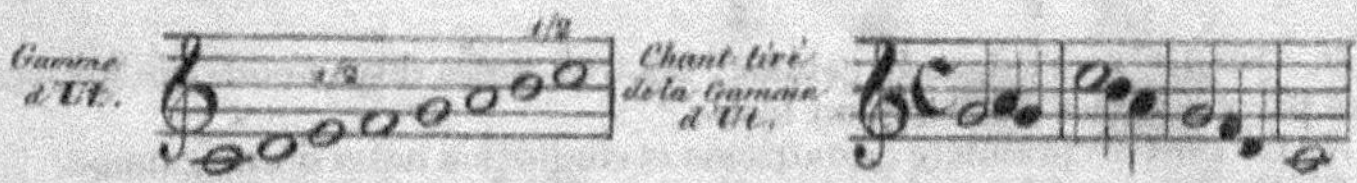

D. Solfiez la gamme de *fa* et transposez ce même chant en *fa*?
R. En montant d'une *quarte*, à partir de la tonique *ut*, vous aurez *fa* tonique de la gamme de *fa*.

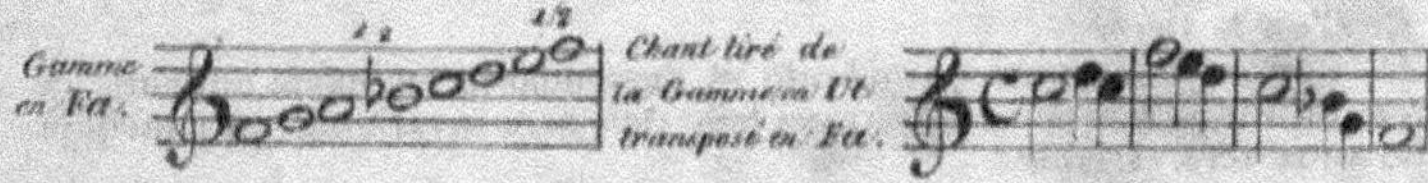

D. Qu'est-ce que des *dièses* ou *bémols constitutifs*, et où les place-t-on dans la musique écrite?
R. Les dièses ou bémols constitutifs sont ceux qui déterminent ou constituent le ton.
D. Qu'est-ce que armer une clef, et comment les signes de l'*armure* agissent-ils sur les notes de la pièce de musique?
R. Armer la clef, c'est y placer des *dièses* ou des *bémols* qui agissent sur toutes les notes qui en sont affectées, de même qu'à toutes les octaves.
D. Qu'est-ce que les dièses ou bémols *accidentels*, et quel en est l'effet momentané?
R. Ce sont les dièses ou bémols que l'on rencontre à la gauche de la note dans le cours d'un morceau; ils agissent dans la mesure, sur toutes les notes qui portent le même nom, à moins qu'un *bécarre* ne vienne en détruire la propriété.
D. Dans quel ordre *générateur* et différent les dièses et les bémols constitutifs se présentent-ils à la clef?
R. Les dièses de *quinte* en *quinte* en montant, et les bémols de quarte en quarte.

D. Nommez les dièses constitutifs dans leur ordre générateur ?

R. *Fa, ut, sol, ré, la, mi, si.*

D. Nommez également les bémols constitutifs dans leur ordre générateur ?

R. *Si, mi, la, ré, sol, ut, fa.*

D. Écrivez plusieurs gammes en les disposant perpendiculairement les unes sous les autres, de manière à prouver la nécessité des dièses ou des bémols constitutifs pour qu'elles soient identiques avec leur type général.

D. Quelles sont, dans la gamme, les trois notes dites *tonales* et invariables parce qu'elles déterminent le *ton* ?

R. Ce sont les première, quatrième et cinquième notes d'une gamme.

D. Quelles sont les trois notes dites *modales* et variables parce qu'elles caractérisent le *mode* ?

R. Ce sont les *tierces* supérieures des notes *tonales*.

D. Qu'est-ce qui caractérise le *mode majeur* ou *mineur* d'un ton quelconque ?

R. C'est la tierce.

D. Écrivez la gamme ascendante et descendante en mode mineur, et dites, au fur et à mesure, pourquoi telle note sera invariable, et pourquoi telle autre sera variable ?

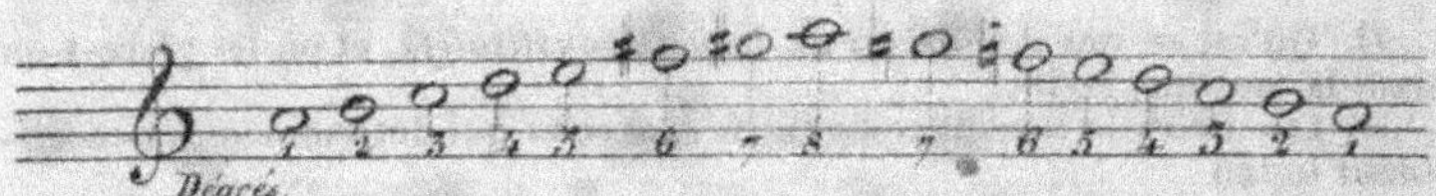

R. La gamme diatonique engendrée par l'accord parfait mineur des trois notes tonales, ôte à la septième note son caractère de note sensible ; il faut, pour le lui rendre, mettre le septième degré à un demi-ton de la tonique, ce que l'on obtiendra en élevant l'intonation par un dièse ; on remarquera alors que si l'on n'élevait pas l'intonation du sixième degré d'un demi-ton, il y aurait, de ce degré au septième, un ton et demi, intervalle dur à l'oreille et difficile à entonner ; pour l'éviter l'on conserve le plus souvent le même intervalle que dans le mode majeur. Il ne reste, par conséquent, que la troisième note qui caractérise le mode mineur ascendant. Quant à cette gamme descendante, on observe les trois notes variables, à moins que l'expression musicale n'exige par sa dûreté une seconde augmentée de la septième à la sixième note descendante, ce qui donnerait dans l'exemple ci-dessus *sol* dièse, *fa* naturel.

D. En quoi consiste la *différence d'armure* du majeur au mineur d'un même ton ?

R. Elle consiste dans un ton majeur avec des dièses, à en retrancher trois pour l'armure du mineur : si le nombre n'en est pas assez grand, on substitue autant de bémols qu'il y a de dièse manquant. Dans un ton majeur avec des bémoles, au lieu d'en retrancher trois pour l'armure du mineur, il faut les ajouter.

D. Quand il n'y a qu'un dièse pour le mode majeur, qu'y a-t-il pour le mode mineur ?

R. Deux bémols.

D. Quand il y a deux dièses au majeur, qu'y a t-il au mineur ?

R. Un bémol.

D. Qu'est-ce que des *modes relatifs*, et donnez plusieurs exemples de ces modes ?

R. Ce sont les modes des deux tons résultant d'une même armure ; tels sont : *ut* majeur et *la* mineur, *si* bémol majeur et *sol* mineur, *mi* majeur et *ut* dièse mineur, etc.

D. Quel est l'intervalle qui sépare les toniques de deux tons et modes *relatifs* ?

R. L'intervalle est d'une tierce mineure.

D. Le dernier dièse d'une gamme majeure, étant la septième note de cette gamme, quel est le *ton*, mode majeur, quand la clef est armée d'un dièse, de deux, de trois dièses, etc.?

R. Le dernier dièse qui est à la clef étant la note sensible du mode majeur, le tonique se trouve nécessairement un degré au-dessus. Si la clef est armée d'un dièse, on aura pour tonique *sol*, avec 2 dièses *ré*, avec 3 dièses *la*, avec 4 dièses *mi*, avec 5 dièses *si*, avec 6 dièses *fa* dièse, avec sept dièses *ut* dièse.

D. Le dernier bémol d'une gamme majeure étant la quatrième note de cette gamme, ou ce qui est la même chose, la tonique étant l'avant dernier bémol d'un *ton* qui a plus d'un bémol à la clef, quel est le *ton* mode majeur quand la clef est armée d'un bémol, de 2 bémols, de 3 bémols, etc. ?

R. Du dernier bémol qui est à la clef à celui qui le précède, il y a l'intervalle d'une quarte en descendant ; par conséquent, ne pouvant prendre pour tonique le nom de l'avant-dernier bémol lorsqu'il n'y en a qu'un, il faut descendre, d'après ce principe, d'une quarte pour trouver la tonique. Avec un bémol à la clef, qui sera *si* bémol, j'aurai pour tonique majeur *fa* : avec 2 bémols, *si* bémol : avec 3, *mi* bémol : avec 4, *la* bémol : avec 5, *ré* bémol : avec 6, *sol* bémol : avec 7, *ut* bémol.

D. Les deux tons ou *modes relatifs*, ayant la même armure, quelle est la note qui, dans les premières mesures, peut annoncer le *mode mineur* ?

R. C'est la *quinte* du mode majeur.

D. Tracez une portée, armez la clef d'un certain nombre de dièses ou de bémols, et dites dans quel cas le ton pourra être en *majeur* ou en *mineur* avec cette armure ?

R. J'ai dit que la quinte du mode majeur annonçait le mode mineur, mais il faut pour cela qu'elle devienne note sensible du mode relatif, en conséquence, le mode est mineur quand on trouve l'intonation de cette quinte élevée d'un demi-ton. Ainsi, dans l'exemple premier, on voit que *mi*, qui est la *quinte* de *la*, n'est point altéré, le mode est majeur. Dans l'exemple deuxième, l'intonation de cette quinte étant élevée d'un demi-ton, elle devient note sensible de la tonique *fa* mode mineur.

D. Quelle est la règle générale qui peut servir à faire connaître le *ton* et le mode d'un morceau de musique d'après la *note finale* de la mélodie ou de la basse d'accompagnement ?

R. On peut connaître le ton d'un morceau de musique par le nom de la note qui finit une mélodie qui est ordinairement la tonique, surtout à la basse ; quant au mode, ce sont les signes de l'armure qui l'indique.

D. Quels sont les *dièses* ou les *bémols constitutifs* en *ré* majeur, en *si* mineur, en *mi bémol*, en *fa mineur*?

R. En *ré* majeur c'est *fa* et *ut*, de même en *si mineur* qui est son relatif. En *mi bémol* c'est *si bémol*, *mi bémol*, *la bémol*. En *fa* mineur c'est le *si bemol*, *mi bémol*, *la bémol* et *ré bémol*, de même que son relatif majeur *la bémol*.

————

TONS ET MODES ENHARMONIQUES.

D. Qu'est-ce qu'une *transition enharmonique?*

R. C'est un changement de ton qui s'opère sur les deux notes d'un degré conjoint, mais ramenées à l'identité d'intonation.

D. Nommez deux notes enharmoniques ?

R. *Ut* dièse, *ré* bémol, ou *la* bémol, *sol* dièse, *ut* bémol, *si* naturel.

D. Combien y a-t-il de dièses en *ut dièse* majeur, et combien de bémols dans le ton enharmonique, *ré bémol* majeur?

R. En *ut dièse* majeur il y a 7 dièses, en *ré bémol* majeur il y a 5 bémols.

D. Quel est le total des signes de l'armure, de deux tons enharmoniques, comme *ut dièse* et *ré bémol?*

R. Le total est de douze montant de la gamme chromatique.

D. Donnez d'autres exemples du même total.

R. En *fa dièse* majeur, il y a à la clef six dièses ; en sol bémol, son enharmonique, il y a six bémols, ensemble douze.

D. Dans quel cas le ton et le mode peuvent-ils être *incertains?*

R. Le ton est *incertain* par l'absence de la *quinte*, et le mode par l'absence de la tierce.

————

PLAIN-CHANT.

D. Qu'est-ce que le *plain-chant?*

R. C'est le nom que l'on donne au chant ecclésiastique.

D. De combien de lignes la portée du plain-chant est-elle formée ?

R. Elle est formée de quatre lignes parallèles.

D. Tracez les principales *figures de notes* du plain-chant, et faites connaître celles qui sont communes au plain-chant et à la musique.

R. Les *figures de notes* du plain-chant sont :

La longue.   La brève.   La semi-brève.

Deux de ces *figures de notes* sont communes à la musique, ce sont la carrée ou brève, et la semi-brève ou ronde.

D. Quels sont les autres signes communs à la musique et au plain-chant?

R. Les autres signes communs sont le *guidon*, la *barre* et la *double-*

barre. On emploie aussi dans le plain-chant musical la *liaison* et le *point*.

D. Quelles sont les deux clefs dont on se sert dans le plain-chant, et tracez-les?

R. Celle de *fa* et celle d'*ut*.

Clef de *fa*.   Clef d'*ut*.

D. Le dièse et le bémol sont-ils employés dans le plain-chant?

R. Oui, mais le bémol s'emploie beaucoup plus souvent que le dièse, quoique ce dernier se fasse sentir sans qu'il soit marqué devant la note qui monte diatoniquement à la finale.

D. De quelle manière le plain-chant doit-il être chanté?

R. Il faut donner de la rondeur à la voix, et observer les mêmes principes que pour l'exécution musicale, en ayant égard à la différence du genre.

D. Combien y a-t-il de *tons* ou *modes* dans le plain-chant?

R. Il y en a huit, qui sont les *tons réguliers*, dont quatre *authentiques* ou *principaux*; on leur donne aussi le nom de supérieurs, parce qu'ils montent de huit ou neuf notes au-dessus de la finale. Les tons 1, 3, 5, 7, sont authentiques; les tons 2, 4, 6, 8, sont nommés plagaux ou collatéraux; ils se nomment aussi inférieurs, parce qu'ils descendent de quelques notes au-dessous de la finale. Outre ces tons, il y en a d'autres nommés *mixtes* et *irréguliers*. Un ton est *mixte* lorsqu'une pièce de plain-chant excède l'octave de plusieurs degrés, et que son étendue est égale à celle de deux *tons* réunis. On appelle *tons irréguliers*, ou plutôt pièce irrégulière, une pièce de musique dont il est difficile de déterminer le *ton*, parce qu'elle ne paraît appartenir à aucun des tons du plain-chant.

D. Quelles sont les deux notes qui font distinguer le *ton* d'une pièce de plain-chant?

R. Ces deux notes sont la *finale* et la *dominante*.

SECONDE PARTIE. (1)

RHYTHME.

D. Enoncez toutes les valeurs *fractionnaires* de notes entre la ronde et la double-croche par augmentation progressive d'une seule figure de note, comme une ronde ou deux blanches, ou trois blanches en triolets, ou quatre noires, ou cinq noires pour quatre tems, etc.

R. Il y a entre le triolet, qui est de trois pour deux, d'autres valeurs de 5, 6, 7 pour quatre, de 9, 10, 11, pour huit, de 15, 17 et 18 pour 16. Ces valeurs s'emploient rarement, et sont indiquées par un ou deux chiffres qui marquent la quantité de ce qu'elles représentent.

D. Donnez des changemens d'accentuation musicale, causés par le déplacement du *scandé*?

R. Le scandé se place sur chaque tems de la mesure, et s'exécute de manière à les préciser; il se déplace d'après les variétés du rhythme provenant de la progression *binaire* ou *ternaire* des notes. (2)

---

(1) Les aspirans au brevet de capacité de l'instruction primaire supérieure sont tenus de satisfaire aux questions de cette seconde partie.

(2) On nomme *binaire* ce qui est composé de deux unités; et *ternaire* ce qui est composé de

Ex.

Dans la première mesure chaque tems est candé; dans la seconde, le scandé se place au premier tems sur le *mi*, au second sur le *si*, au troisième sur le *fa*, au quatrième sur le *mi* croche, et à la troisième mesure, en commençant le premier tems de la ronde.

D. Battez la mesure à cinq tems et la mesure à un tems, et lisez quelques passages écrits avec ces mesures?

R. Pour battre la mesure à cinq tems, le premier se fait en frappant, le deuxième se fait à droite; le troisième en levant, le quatrième en frappant, et le cinquième en levant.

INTONATION.

D. En quoi les intervalles *simples* diffèrent-ils des intervalles *composés* ou *multipliés?*

R. Ils diffèrent en ce que les intervalles simples restent dans les limites de l'octave, et que les intervalles composés l'excèdent.

D. Dressez une table de variétés d'un même intervalle, comme *seconde diminuée*, ou *mineure*, ou *majeure*, ou *augmentée?*

R. Les intervalles majeurs et mineurs peuvent se présenter comme augmentés ou comme diminués. Un intervalle est augmenté quand l'intonation est plus élevée d'un demi-ton que le même intervalle majeur; il est diminué lorsque son intonation est moins élevée d'un demi-ton que celle de l'intervalle mineur.

Exemple.

Secondes diminuées. Seconde augmentée. 2.*de* mineure. 2.*de* majeure.

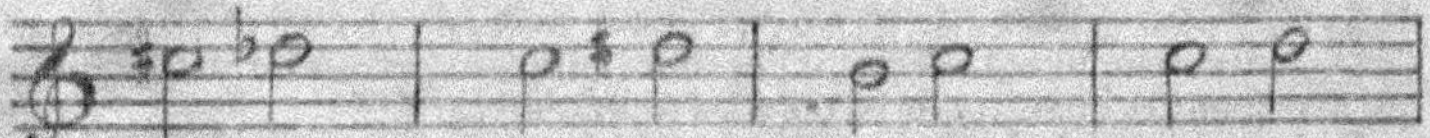

D. Dites la différence qu'il y a entre la syncope *régulière* et la syncope *brisée*, et donnez des exemples?

R. La différence est que la syncope *régulière* est égale de deux côtés, tandis que la syncope *brisée* est moindre d'un côté que de l'autre.

---

trois. La mesure à deux tems est une mesure *binaire*; la mesure à trois tems est une mesure *ternaire.*

TONALITÉ.

D. Quelle fraction de *ton* existe-t-il entre le *demi-ton chromatique ut*, *ut* dièse, et le demi-ton *diatonique ut* dièse, *ré?*

R. La différence est d'un *comma* ou d'un neuvième de ton (1).

D. Faites connaître *l'origine et la génération des sons de la gamme diatonique*. Continuez l'analyse des produits harmoniques, des trois notes tonales de chaque *ton*, mode majeur, et dévoilez ainsi *l'origine et la génération des sons de la gamme chromatique*, c'est-à-dire de tous les sons qu'il est possible d'employer dans la composition musicale?

R. Une corde tendue donne dans sa totalité un son pleinement entendu, que je nommerai *ut*. Ce son principal fait entendre faiblement sa double octave, sa quinte, sa triple octave, la tierce et la quinte de la triple octave.

En faisant entendre avec la même intensité les produits harmoniques, et les rapprochant du son principal *ut*, j'aurai ce que l'on nomme un accord parfait. Entre le premier son, sa quinte à l'aigu et sa quinte au grave, il y a relation intime; ainsi, *ut* a pour relation intime *sol* à l'aigu et *fa* au grave; ce sont ces trois notes que l'on nomme notes tonales. En prenant chacune de ces notes tonales pour *son* principal, vous aurez trois accords parfaits *ut mi sol*, *sol si ré*, *fa la ut*, ce qui constitue la gamme en les rangeant dans l'ordre diatonique *ut*, *ré*, *mi*, *fa*, *sol*, *la*, *si*, *ut*.

D. Composez des *gammes majeures* par l'emploi des seules notes harmoniques, de chacune des notes tonales 1. 4. 5. Passez du majeur au mineur en rendant mineures les tierces tonales?

R. J'ai démontré que la génération de trois notes tonales fournissaient les huit sons de la gamme diatonique. En formant de nouveaux accords à partir du *ré*, comme *ré*, *fa dièse*, *la*; *la*, *ut dièse*, *mi*; *mi*, *sol dièse*, *si*, etc., après dix accords de même espèce on aura pour tonique *mi dièse*, qui est l'enharmonique de *fa*, point duquel on doit partir. Cette opération vous présente une série de douze accords différens, dans lesquels vous trouvez les

---

(1) Un ton se partage en neuf *commas*; il y a, du demi-ton chromatique *ut* à *ut* dièse, cinq commas, et du demi-ton diatonique *ut* dièse à *ré*, quatre commas.

notes de la gamme chromatique ascendante ; et pour enharmonique , les notes de la gamme chromatique descendante. Telle est l'origine de tous les sons.

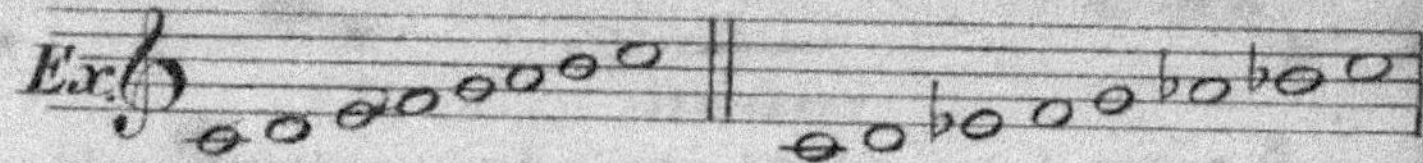

D. Donnez des développemens et des exemples sur les *tons* et *modes incertains* , sur les *tons* et *modes analogues*, sur les modulations ordinaires et extraordinaires.

R. Un ton est incertain par l'absence de la quinte, de même qu'un mode par l'absence de la tierce, ce qui peut se rencontrer dans une mélodie ; dans cette hypothèse on a recours à l'harmonie et surtout à la basse, où l'on trouve les notes absentes de la mélodie.

On entend par *tons et modes analogues* ceux qui ont le plus de rapport entr'eux, comme les notes tonales et leurs relatifs ; en changeant de ton d'après ces rapports on produit des modulations ordinaires. Elles sont extraordinaires lorsqu'elles sont brusques et innattendues , parce qu'elles ont moins de rapports entr'elles ; il faut , pour en conserver, garder au moins une note de l'accord duquel on sort.

ANALYSE MÉLODIQUE DE LA PHRASE MUSICALE.

D. Sous le rapport de la forme mélodique qu'entend-on en musique par *phrase* et *période* musicale ?

R. On entend par *période* musicale une phrase composée de plusieurs membres , dont la réunion forme un sens complet.

D. Quels sont les élémens constitutifs de la phrase musicale ?

R. Ces élémens sont le rhythme, la symétrie, le dessin , la répétition , l'imitation et l'incise.

D. Qu'est-ce que le *rhythme*, le *dessin* , la *symétrie*, la *répétition*, l'*imitation* et l'*incise* ?

R. Le *rhythme* est la différence des mouvemens qui résulte de la vitesse ou de la lenteur, de la longueur ou de la brièveté des tems ; on forme un rhythme par l'emploi convenable de divers valeurs de note. Le *dessin* est la disposition de chaque partie. La *symétrie* est le rapport de durée et d'intonation que les parties ont entr'elles. La *répétition*, c'est le retour du même chant dans la même partie et sur les mêmes cordes. L'*imitation* consiste à transposer le même dessin à quelqu'autre intervalle que ce soit. L'*incise* est une petite phrase qui prend place dans la période.

D. Qu'est-ce qui tient lieu de ponctuation dans la phrase musicale ?

R. La *cadence*. Il y a deux sortes de *cadences principales* : la *cadence* sur la *tonique* qui termine le sens musical ; elle est en musique ce qu'est le point dans le discours. La *cadence* sur la *dominante* suspend le sens musical et correspond au point et virgule ou deux points. Il y a d'autres repos plus ou moins suspensifs, qui équivalent à la virgule.

D. Qu'entend-on par *prosodier* et phraser en chantant.

R. C'est, dans la musique vocale, avoir soin d'observer les longues et les brèves, et par conséquent éviter le repos sur les syllabes qui pourraient interrompre le sens du discours.